Todos los libros de Linkgua Ediciones cuentan con modelos de Inteligencia Artificial entrenados por hispanistas. Pregúntale al chat de tu libro lo que desees acerca de la obra o su autor/a.

Para ebooks: Accede a nuestro modelo de IA a través de este enlace.

Para libros impresos: Escanea el código QR de la portada con tu dispositivo móvil.

Obtén análisis detallados de nuestros libros, resúmenes, respuestas a tus preguntas y accede a nuestras ediciones críticas generativas para una experiencia de lectura más enriquecedora.
La transparencia y el respeto hacia la autoría de las fuentes utilizadas son distintivos básicos de nuestro proyecto. Por ello, las respuestas ofrecen, mediante un sistema de citas, las fuentes con las que han sido elaboradas.

Pedro Calderón de la Barca

La rabia

Barcelona 2024
Linkgua-ediciones.com

Créditos

Título original: La rabia.

© 2024, Red ediciones S.L.

e-mail: info@linkgua-ediciones.com

Diseño de cubierta: Michel Mallard.

ISBN rústica ilustrada: 978-84-9816-434-3.
ISBN ebook: 978-84-9953-253-0.

Sumario

Brevísima presentación

La vida

Pedro Calderón de la Barca (Madrid, 1600-Madrid, 1681). España.

Su padre era noble y escribano en el consejo de hacienda del rey. Se educó en el colegio imperial de los jesuitas y más tarde entró en las universidades de Alcalá y Salamanca, aunque no se sabe si llegó a graduarse.

Tuvo una juventud turbulenta. Incluso se le acusa de la muerte de algunos de sus enemigos. En 1621 se negó a ser sacerdote, y poco después, en 1623, empezó a escribir y estrenar obras de teatro. Escribió más de ciento veinte, otra docena larga en colaboración y alrededor de setenta autos sacramentales. Sus primeros estrenos fueron en corrales.

Lope de Vega elogió sus obras, pero en 1629 dejaron de ser amigos tras un extraño incidente: un hermano de Calderón fue agredido y, éste al perseguir al atacante, entró en un convento donde vivía como monja la hija de Lope. Nadie sabe qué pasó.

Entre 1635 y 1637, Calderón de la Barca fue nombrado caballero de la Orden de Santiago. Por entonces publicó veinticuatro comedias en dos volúmenes y La vida es sueño (1636), su obra más célebre. En la década siguiente vivió en Cataluña y, entre 1640 y 1642, combatió con las tropas castellanas. Sin embargo, su salud se quebrantó y abandonó la vida militar. Entre 1647 y 1649 la muerte de la reina y después la del príncipe heredero provocaron el cierre de los teatros, por lo que Calderón tuvo que limitarse a escribir autos sacramentales.

Calderón murió mientras trabajaba en una comedia dedicada a la reina María Luisa, mujer de Carlos II el Hechizado. Su hermano José, hombre pendenciero, fue uno de sus editores más fieles..

La rabia

Personajes

Doña Bárbula
Luisa, moza de taberna
Doña Aldonza
Alguacil
Doña Hermenegilda
Un Criado
Un Saludador
Un Sastre
Casilda
Un Francés
Una Dueña
Un Negro
Un Escudero
Músicos

Acto único

(Dentro.)

Doña Bárbula   ¡Casildilla! ¡Muchacha! Abre esta puerta,
presto.

Casilda   ¿Qué traes?

(Sale Doña Bárbula, vestida de dama y Casilda, de fregona.)

Doña Bárbula   No es nada, vengo muerta,
de un braco (¡Ay Dios, que he de rabiar!)
mordida,
para todos los días de mi vida.
¡Confesión, testamento, unción, entierro!   5

Casilda   Sosiega, que quizá rabias por yerro.
¿Qué ha sido pues?

Doña Bárbula   Fui a visitar, Casilda,
(ya lo sabes) a doña Hermenegilda.
Es inclinada a perros, de manera...

Casilda   ¿Qué amiga tuya no es una perrera?   10

Doña Bárbula   Que tenía en su casa ¡Ay que me aflijo!
más que suelen ladrar en un cortijo.
Pues apenas llamé, cuando al abrilla,
a la puerta salieron en cuadrilla
un gozque, un perro de agua, un perdiguero,15

un lanudillo, un chino y un faldero;
un mastín, un lebrel, un galgo, un dogo,
un sabueso, un ventor... (¡Ay que me ahogo!),
y entre ellos un ladrón de un perro braco.

Casilda   No hay braco que no sea [...] gran bellaco.   20

Doña Bárbula   Éste, sin más ni más, a mí acomete:
voyle a dar un cachete,
vuelve, por no le haber, como un alano,
y quiéreme morder en esta mano,
siendo así que esto es lo que me agravia,   25
que diz que el susodicho braco rabia
siempre que se le antoja,
y habrásele antojado (¡[...] qué congoja!)
según toda la mano tengo hinchada
como una bota ya...

Casilda   Yo no veo nada,   30
si no es que para el mal que te alborota,
pez con pez estuviese la tal bota.

Doña Bárbula   ¿Cómo no? Haré una apuesta:
qué pesa más diez libras ésta que ésta.
¡Ay de mí! Ve volando como un trueno,   35
antes que al corazón corra el veneno,
por un saludador que me salude.

Casilda   Yo la taberna sé donde uno acude.

Doña Bárbula   ¿Qué esperas Casildilla?

| Casilda | No hago más que ponerme la mantilla. | 40 |

(Pónese la mantilla.)

Doña Bárbula	Dile que ya la mano se me abrasa.
	Si no está allí (que sí estará), la casa
	(¡Ay de mí!) deja dicho al tabernero,
	Y porque no la yerre (¡ay que me muero!)
	ya que, recién venida,	45
	no soy en este barrio conocida,
	dale por señas desta la de enfrente,
	que vive doña Aldonza Equivalente,
	nuestra vecina bella;
	que ella dirá de mí, puesto que de ella	50
	más conocida es.

| Casilda | Iré corriendo. |

Doña Bárbula	Pues mira, aunque me ves quedar muriendo,
	porque no te detengas,
	que no me he de morir hasta que vengas.

(Vase.)

Casilda	Hará muy bien que cosa que desdora	55
	morirse sin criada una señora.
(Calle.)	¡Pobre de mí, que quedo
	huérfana de ama!, con el justo miedo,
	si ella una vez se afufa,
	de que no he de hallar otra que me sufra.	60
	Y así me toca hacer por conveniencia

la tal saludadora diligencia.
¿Qué virtud ésta es, si considero
que nunca Dios la ha dado a caballero?
Mas ésta es la taberna... y no le encuentro   65
¿si se habrá muerto fuera de su centro?
Dicho lo dejaré a mi amiga Luisa,
que es la que mide, por volver aprisa
a mi ama: no quiera
Dios que por [...] esperarme, no se muera,   70
¡Luisa mía!

(Sale Luisa, vestida de medidora.)

Luisa   ¡Casilda de mis ojos!
                    ¿Qué traes?

Casilda   Traigo tantísimos de enojos.
                    Mi ama queda rabiando.

Luisa   ¿Qué ama no queda así?

Casilda   Vine buscando
                    porque a curarla acuda...   75

Luisa   ¿A quién?

Casilda   A maese Andrés, el que saluda.

Luisa   Ahora se fue de aquí...

Casilda   Desdicha es mía.

Luisa	Mas dijo que al instante volvería.

Casilda	Pues dile, porque yo no haga allá falta,	
	que hacia la Cava Alta	80
	vaya, y frente por frente	
	de en cas de doña Aldonza Equivalente,	
	por mí pregunte.	

Luisa	Harelo
	como tú lo verás.

Casilda	Guárdete el cielo.	
	No se olviden las señas que te he dado.	85

(Vase.)

Luisa	No se me olvidarán, pierde el cuidado;
	que ya sé que ha de ir, frente por frente,
	en cas de doña Aldonza Equivalente.

(Vase.)

(Sale Doña Aldonza y Doña Hermenegilda en el gabinete.)

Doña Aldonza	¿Era hora que supiese	
	esta ventura [...] mi casa?	90

Doña Hermenegilda La ventura, Aldonza, es mía.

Doña Aldonza	¡Beltrán!

(Sale una Dueña.)

Dueña	Señora, ¿qué mandas?

Doña Aldonza Que le quite el manto a doña
Hermenegilda Casaca,
que ya que ha sido mi dicha   95
tal, que a aquestas horas haya
venido, no ha del volverse
sin que penitencia haga.

Dueña (Y bien será penitencia.
Mira de lo que te encargas,   100
que aún encendida no hay lumbre
en casa a estas horas.)

Doña Aldonza   Calla,
(Aparte.) que ella se irá, y yo he cumplido.

Doña Hermenegilda Fuerza es que fineza tanta
admita; que el venir hoy   105
a verte tan de mañana
es que vengo a retraerme,
como a sagrado, a tu casa...

Doña Aldonza (Aparte.)   (¡Buena hacienda habemos
hecho!)

Doña Hermenegilda Porque estoy tan acosada   110
de deudas, que hasta que venga
una letra de Vizcaya,

parar no puedo en la mía.

Doña Aldonza (Aparte.)   (El envite
                 quiso.

Dueña   Calla,
               que ella se irá, y tú has cumplido.   115

Doña Aldonza   ¡Muy buena estoy para gracias!)
               Tú seas muy bien venida...
               ¡María!

(Sale un Escudero, vejete.)

Escudero   ¿Qué es lo que mandas?

Doña Hermenegilda ¿Sabes lo que he reparado?

Doña Aldonza   ¿Qué, amiga?

Doña Hermenegilda   Que Beltrán llamas   120
               a la criada, y María
               al escudero.

Doña Aldonza   ¿Eso extrañas?
               ¿No es autoridad que demos
               las señoras de mi casta
               a los criados los nombres?   125
               Los sobrenombres les bastan.
               Llámase doña Teresa
               Beltrán aquella criada,
               y ese escudero don Lesmes

María: con que te hallas   130
ya respondida.

Doña Hermenegilda   Está bien.

Doña Aldonza   Beltrán...

Dueña   Señora...

Doña Aldonza   ¿Qué aguarda
que no la quita el manto?

Dueña   Sí.

Doña Aldonza   María...

Escudero   Señora...

Doña Aldonza   Vaya
a ver si por dicha hay   135
algo de fresco en la plaza
que añadir a lo ordinario.

Escudero   Fresco, señora, no falta,
que arriera esta primavera
no hay día que no le traiga.   140

(Aparte.)   (Lo que falta no es el fresco
sino el refresco. No hay blanca.)

Doña Aldonza   Si la hubiese, majadero,
¿qué hiciérades vos? La gracia
de servir y merecer   145
es, no habiéndola, buscarla.

Empeñad algo.

Dueña (Aparte.)   (¡María!)

Escudero   ¿Qué dice, Beltrán?

Dueña   Que traiga
desde el carbón a la especie
porque no hay un sus en casa.   150

Escudero   Si traeré como me dé
que empeñar alguna alhaja.

Dueña   Tome: empeñe aqueste manto.

Escudero   Con que a la tal convidada
de su brazo sus narices   155
me parece que la sacan.

(Vase.)

Doña Hermenegilda ¿Hay pena como deber,
Aldonza?

Doña Aldonza   Yo, al cielo gracias,
nada a estas horas, amiga,
(A la Dueña.)   debo. Mira allí quién llama.   160

(Llaman y sale un Alguacil.)

Alguacil   La señora doña Aldonza
Equivalente, ¿está en casa?

Dueña	En casa está.
Alguacil	Con licencia de usté.
Doña Aldonza	¿Qué es esto? ¡Con vara hasta el gabinete!
Alguacil	Es fuerza, 165 que ahí fuera la parte aguarda.
Doña Aldonza	¿Qué parte?
Alguacil	El casero, que a usté ejecutar me encarga por dos años de alquileres.
Doña Aldonza	Agradezca que se halla 170 el secretario, mi primo, a estas horas en Caracas; que si él estuviera aquí... Mas yo haré que por él vaya un correo a toda prisa. 175 Espere y verá.

(Sale Uno con unos papeles.)

Uno	¡Ah de casa!
Dueña	¿Quién es?
Uno	Mi amo el mercader

envía aquesta libranza,
y si no se paga hoy,
se ejecutará mañana.   180

Doña Aldonza   ¡A una mujer, adiós vida,
heredera en la montaña
de una casa solariega,
tal recado!

(Sale el Sastre.)

Sastre   ¿A cuándo aguarda
a pagarme las hechuras   185
usté de aquellas enaguas,
y cotilla y guardapié
que le hice?

(Sale un Francés con encaje.)

Doña Aldonza   ¡Ay desdichada!
¿qué es lo que hoy me sucede?

Francés   Mal empieza esta semana.   190
Los encajes y las puntas
me vuelva si no me paga.

Doña Aldonza   Picarón ¿no veis un bando
que ordena que no se traigan?
¡Idos de aquí, que si no...!   195

(Sale un Negro.)

Negro   Siola, aquellas tres cajas

	de chocolate me pague	
	[...], pues que se las di hasta	
	a doce reales, tiniendo	
	tanta parte de Guajaca.	200
Doña Aldonza	¿Habrá pasado en el mundo	
	a otra lo que a mí me pasa?	
Doña Hermenegilda	¡Dichosa tú que no debes,	
	amiga, a estas horas nada!	

(Sale el Escudero con una esportilla.)

Escudero	Bien puede vuesamerced	205
	regalar la convidada	
	que ya sobre el manto dieron	
	todas estas zarandajas.	
Doña Aldonza	¿Qué manto, infame?	
Alguacil	Señora,	
	esto va muy a la larga.	210
	Nombre usté bienes en que	
	quede, o raíces o alhajas,	
	trabada la ejecución.	
Doña Aldonza	Trabada tengas el alma.	
Uno	Sea también por mi amo	215
	en virtud de esta libranza.	
Sastre	Primero son mis hechuras.	

Negro	Primero son mis guajacas.
Doña Aldonza	Primero es que el diablo a todos lleve.

(Sale el Saludador.)

Saludador	Dios sea en esta casa. Doña Aldonza Equivalente ¿vive aquí?	220
Todos	Sí.	
Saludador	Pues Deo gratias. Perdonen vuesas mercedes no venir antes; que estaba saludando unos borregos.	225
Doña Aldonza (Aparte.)	Aquesto solo me falta. (¿Si debo al saludador algo también?) ¿Quién le manda preguntar por mí, ni entrar estas puertas?	
Saludador (Salúdala.)	Ya quien rabia se conoce. ¡Luego a mí el semblante me engañara! «Santa Quiteria bendita te favorezca y te valga.»	230
Doña Aldonza	Hombre, ¿quieres que te quite	235

dos mil vidas?

Saludador   La más clara
señal [...] que aquesta, señores,
(«Dios sea aquí») es del mal tocada,
es enfurecerse al verme,
temiendo la gratis data   240
que Dios me dio.

Doña Aldonza   ¿Cuánto va
que te quito dos mil almas?

Doña Hermenegilda Yo no tengo corazón,
para ver estas desgracias.
Deme mi manto, Beltrán.   245

Dueña   Le puse aquí... y de aquí falta:
con tantos como han entrado...

Doña Hermenegilda ¡Ay, mi manto!

Doña Aldonza   Ya otra rabia
más que yo: acudan allá.

Saludador   Todo se andará si pasa   250
adelante el mal. Tenella,
si tengo de santigualla,
que ya ven el homecillo
con que de verme se espanta

Alguacil   Nunca yo, a saber que usté   255
tenía enfermedad tan rara,

	viniera a esta diligencia;	
	pero ya que aquí se halla	
	mi piedad, acudiré	
	a la cura... Y todos hagan	260
(Asiéndola.)	lo mismo que yo.	

Doña Hermenegilda   ¡Ay, mi manto!

Doña Aldonza   ¿Qué han de hacer?

Todos   Asegurarla.

Doña Aldonza   Por el hábito bendito
de un tío que tuve en Malta,
que a todos haga pedazos.   265

Todos   Llegue usté.

Saludador   No se les vaya.
¡Santa Quiteria bendita,
te favorezca y te valga!»

Doña Aldonza   Hombre, mira que me rucias,
y no con azahar ni ámbar.   270

Saludador   No se queje, que el mostillo
no es malo para la cara.
«Por la insignia singular
que a favor del paladar
el cielo me quiso dar.   275
A la orilla de aquel cedro
por donde iba San luan con Dominus Deo,

te conjuro, mal de la peste,
aunque me cueste lo que me cueste,
que no me penetres ese corazón   280
sino que al son,
te vayas huyendo de mi rentintín,
dilín, dilín,
dilón, dilón,
pues que tocan en San Antón.»   285

Doña Aldonza   Soltad... Dejad que pedazos
(Suéltase y embiste con él.)   aqueste embustero
                        haga.

Saludador   ¡Bravo efecto voy haciendo!
                     ¡Mírenla como descansa!

Doña Hermenegilda ¡Ay, mi manto!

(Salen Doña Bárbula y Casilda.)

Casilda   Entra.

Doña Bárbula   No sé   290
                     que sea acción cortesana
                     ni buena vecindad, seora
                     doña Aldonza, que yo haya
                     llamado al Saludador,
                     y usté le tenga en su casa,   295
                     siendo yo quien necesita
                     dél.

Casilda   Pues ¡es muy linda gracia

ir yo por él, para estarse
con tanta flema!

Doña Bárbula   ¿Qué aguarda?
Venga a saludarme a mí,   300
que soy quien esta mañana
el perro quiso morder.

Saludador   Déjeme, que eso no es nada
y estotro importa; que usté
no sabe lo que se rabia.   305

Doña Bárbula   Yo puedo aquí y en cualquiera
parte, rabiar con mi cara
descubierta.

Todos   Ténganse.

Doña Hermenegilda Señores, esto no se haga
bulla, y mi manto parezca.   310

Doña Bárbula   Ingrata amiga, ¡aquí estabas!
¡Quieren morderme tus perros
a mí, y es otra a quien tratas
traer saludador!

Doña Hermenegilda   No sé
más que todo es gente honrada   315
y mi manto no parece.

(Salen Músicos y gente.)

Músicos	¿Qué ruido es el que aquí anda?
Alguacil	Pues el vecino barbero,
	sin que deje su guitarra
	lo pregunta, vuesarcedes, 320
	vuelta la cólera en chanza
	se lo respondan cantando.
Doña Bárbula	Pues ya que queda trocada
	la ejecución en festejo,
	vaya de música.
Todos	Vaya. 325
Doña Aldonza	Yo, señor Saludador,
	rabio de ver que en mi casa,
	no siendo yo negra en ella,
	ella amanezca sin blanca.
Saludador	¡Ay qué bien rabia!
Músicos	¡Mas, ay qué bien rabia! 330
Alguacil	Yo rabio el que no hay efectos
	para mí, porque no hay causas.
Doña Hermenegilda	Yo de que sea a mi costa
	cualquiera que me regala.

Casilda	Yo rabio de que a cualquiera cosita rabia mi ama.	335
Uno	Yo de que mi amo tenga sus caudales en libranzas.	
Saludador	¡Ay qué bien rabia!	
Músicos	¡Mas, ay qué bien rabia!	340
Luisa	Yo rabio que mi taberna esté en tierra y viva en agua.	
Sastre	Yo que pierdo las hechuras, habiendo vendido plata.	
Saludador	¡Ay qué bien rabia!	
Músicos	¡Mas, ay qué bien rabia!	345
Negro	Yo que, aunque venga la flota, lo mismo el cacao se valga.	
Escudero	Yo rabio ser escudero, sin que nunca escudo traiga.	
Saludador	¡Oh, qué bien rabia!	
Músicos	¡Más oh qué bien rabia!	350

Libros a la carta

A la carta es un servicio especializado para
empresas,
librerías,
bibliotecas,
editoriales
y centros de enseñanza;
y permite confeccionar libros que, por su formato y concepción, sirven a los propósitos más específicos de estas instituciones.

Las empresas nos encargan ediciones personalizadas para marketing editorial o para regalos institucionales. Y los interesados solicitan, a título personal, ediciones antiguas, o no disponibles en el mercado; y las acompañan con notas y comentarios críticos.

Las ediciones tienen como apoyo un libro de estilo con todo tipo de referencias sobre los criterios de tratamiento tipográfico aplicados a nuestros libros que puede ser consultado en Linkgua-ediciones.com.

Linkgua edita por encargo diferentes versiones de una misma obra con distintos tratamientos ortotipográficos (actualizaciones de carácter divulgativo de un clásico, o versiones estrictamente fieles a la edición original de referencia).

Este servicio de ediciones a la carta le permitirá, si usted se dedica a la enseñanza, tener una forma de hacer pública su interpretación de un texto y, sobre una versión digitalizada «base», usted podrá introducir interpretaciones del texto fuente. Es un tópico que los profesores denuncien en clase los desmanes de una edición, o vayan comentando errores de interpretación de un texto y esta es una solución útil a esa necesidad del mundo académico.

Asimismo publicamos de manera sistemática, en un mismo catálogo, tesis doctorales y actas de congresos académicos, que son distribuidas a través de nuestra Web.

El servicio de «libros a la carta» funciona de dos formas.

1. Tenemos un fondo de libros digitalizados que usted puede personalizar en tiradas de al menos cinco ejemplares. Estas personalizaciones pueden ser de todo tipo: añadir notas de clase para uso de un grupo de estudiantes, introducir logos corporativos para uso con fines de marketing empresarial, etc. etc.

2. Buscamos libros descatalogados de otras editoriales y los reeditamos en tiradas cortas a petición de un cliente.

www.ingramcontent.com/pod-product-compliance
Lightning Source LLC
Chambersburg PA
CBHW020451030426
42337CB00014B/1508